LYRIKEDITION 2000

begründet von Heinz Ludwig Arnold †

herausgegeben von Florian Voß

Allitera Verlag

PATRICK BECK wurde 1975 in Zwickau geboren und lebt nach einem Jurastudium in Leipzig, Speyer und London in Dresden. Er erhielt Aufenthaltsstipendien der Kulturstiftung des Freistaates Sachsen im »Dom Gerharta Hauptmanna« in Jagniątków, Republik Polen, 2009 sowie in der »At Home Gallery«, Šamorín/Somorja, Slowakische Republik, 2013. Er veröffentlichte bisher die Hörspiel-CD »Swantegard« (2008) sowie das Buch »Ich habe ein Haus aus Licht gebaut« (2010), beide im Leipziger Literaturverlag.

Patrick Beck

Das Skelett des Moments

Gedichte

LYRIK
EDITION
2000

Weitere Informationen über den Verlag und sein Programm unter:
www.allitera.de

Weitere Informationen über die Lyrikedition 2000 unter
www.lyrikedition-2000.de

Ein Teil der hier veröffentlichten imaginären Orte entstand während eines von der Kulturstiftung des Freistaates Sachsens gewährten Aufenthaltsstipendiums in der At Home Gallery in Šamorín/Somorja (Slowakische Republik) unweit der Donau. Bei der Kulturstiftung und ganz besonders bei Susann und Czaba Kiss bedanke ich mich sehr herzlich für die gewährte Unterstützung.

Januar 2015
Allitera Verlag
Ein Verlag der Buch&media GmbH, München

Printed in Germany · ISBN 978-3-86906-722-3

Für Thuon Burtevitz

I

Der Leuchtturm

Du stellst ein Licht in dein Fenster. Du gehst so weit nach draußen, bist du es kaum noch sehen kannst. Das ist nicht weit. Du kehrst zurück, stellst das Licht auf das Dach. Jetzt kommst du weiter, ein kleines Stück, bevor du wieder umkehrst. Du baust einen Turm, so hoch du nur kannst, dein Licht ist ein zweiter Mond. Du wirst nie höher bauen, nie heller leuchten. Du gehst und gehst. Überquerst den Osten und die See. Du gelangst zu dem Horizont, an dem dein Licht versinkt. Du gehst einen Schritt zurück und es steigt wieder auf. Einen Schritt vor und es versinkt. Gehe weiter. Der Mond wartet.

Der Schuppen

Das ist der Schuppen: Efeu wächst ins Fenster, die Tür hat einen Graben in die Wiese gezogen. Hier hängt die Sense, scharf, die selbe noch, obwohl Blatt und Griff schon oft gewechselt. Mit diesem Knoten hier banden wir den Zaun fest, fühle ihn, er ist noch straff. Dort, unter dem schwarzen Balken, liegt Sand, und darunter das gelöschte Feuer. Die Stunde, in der die Katze verschwand, lehnt dort in der Ecke. Und hier, in dieser Schale, liegt die Nacht, in der wir sahen, dass keine Nacht verging und jede in allen nächsten Nächten bleiben wird, so wie sie selbst aus allem ist, was vorher war.

Der Schnee, der auf den Hügel fiel, zeichnete einen Kreis. Einen Abdruck von etwas, das längst nicht mehr war, einen Schatten ohne Original. Wo jetzt nur noch Gras wuchs, sonst war da nichts mehr, auch nicht im Boden, der hier nicht anders war. Nur der Schnee zeichnete den Kreis wieder, wie jeden Winter, und dieser Kreis war mehr als alle Perlen.

Du rollst mit dem Fahrrad. Du trittst nicht, der Wind schiebt. Du fühlst ihn, spürst die kleinste Bewegung, den kleinsten Druck. Wenn er schweigt, wirst du langsamer, schneller, wenn er spricht. Du stehst auf den Pedalen, machst dich groß, hörst ihn mit deiner Fahrt. Du kannst ihm nicht antworten. Der Weg schwenkt ab. Der Wind schiebt nicht mehr. Du trittst.

Der Billardtisch

Die Erde dreht sich um die Sonne, gelangt wieder zu der selben Stelle, doch nur fast, nicht ganz exakt, etwas abseits, und gibt diesen Abstand weiter an ihr Drehen um sich selbst, an ihre Achse, die mal hier- und mal dahin zeigt, und dieses Schlingern nimmt das Wetter auf, von West nach Ost ziehend, das den Sturm schickt, und seine Böen fügen die Abweichung in das Eiskorn ein, das wir fangen, wir messen es, ganz genau, und der Millimeter schrumpft in der Berührung der Kälte, reicht den Unterschied weiter an die Zahl, und in ihr ist die Differenz zu sich selbst, die sie in das Gesetz einfügt, nach dem die Erde um die Sonne taumelt, und nie auf ihrer Bahn den selben Punkt berühren wird.

Der Tag

Ich betrachte den Tag. Die Sonne scheint herein. Der Wechsel der Schatten legt den Grund. Ein Fenster sind die Gespräche der Schwalben, die Wege der Bäume ein anderes. Auf den Wänden liegt Wind. Die Fliegen springen von Feld zu Feld. Dann beschlägt der Raum. Die Hügel rücken zurück. Die Zimmer drehen sich, die Blätter wechseln die Sprache, die Türen verbinden nicht. Die Schwalben fliegen zu einem anderen Teil des Tags. Mein Schritt ist klein, zu klein für den Sprung.

Die Nacht

Ich betrachte die Nacht. Sie sieht mich und schiebt den Mond hinter den Horizont. Wasser und Wald gibt sie die selbe Farbe. Sie trennt die Felder und die Wiesen von den Hügeln, die Hügel vom Land. Sie zieht die Höhe aus den Stufen, aus dem Weg die Länge. Die Luft zerbricht sie zwischen den Ästen, rückt die Stämme in eine Reihe. Dann nimmt sie die Bögen vom Himmel. Ich gehe ins Haus zurück, halte ein Licht, halte das Haus.

II

Zuerst legte ich die Steine zur Seite, schöpfte das Wasser ab und rollte den Boden auf. Dann blies ich die Wolken fort, packte das Blau des Himmels ein und die Geräusche der Nacht, warf ein dunkles Tuch über alles Licht, zog die Wellen ein, das Skelett des Moments. Ich dachte an die Mauersegler. Das Nichts gelang nicht.

Nimm eine Schaufel und grabe. Schnell kommst du in der lockeren Erde voran. Bald stößt du auf festen Lehm, die Steine warnen dich. Du nimmst eine Spitzhacke und stichst sie in den Boden. Du merkst, wie du das zerstörst, was du suchst. Langsam, mit den Händen, schabst du den Grund zur Seite. Schneller, als du gräbst, wachsen die neuen Horizonte.

Die Leiter

Das Tal verengt sich, eine Stufe teilt es. Jeden Tag gehen wir diesen Weg. Wir legen keine Leiter an, klettern ohne Hilfe. Jeden Tag finden wir andere Griffe. Keinen Fuß können wir neu setzen, mit keiner Hand neu greifen, ohne die anderen Halte zu ändern, ohne uns anders zu bewegen. Jeder Aufstieg ist eine neue Folge, ein neuer Weg. Immer, wenn wir oben sind, haben wir eine andere Höhe.

Endlich, nach langen Wochen, Monaten, nach unzähligen Versuchen, hatte ich einen Weg gefunden, hatte die Spitze erreicht, war zum ersten Mal hier oben, war der erste hier oben, stand auf dem Felsen, auf den scheinbar kein Weg hinaufführte, hier gab es keinen anderen Halt als den Sandstein, auf dem ich stand, und jetzt begann die eigentliche Aufgabe, schwieriger noch, als hinaufzusteigen, und ich breitete die Arme aus, musste lernen hier oben zu stehen, lernen frei zu stehen, lernen, mich hier oben zu halten, musste lernen, hier wieder zu beginnen.

III

Die Schwalben schreiben ihre flackernden Schatten in die Wiese, den Holzstoß. Das Feuer im Kamin wird sie lesen und das Flackern in die Fenster des Winters schreiben.

Die Schmiede

Schlag auf Schlag fielen die Hämmer auf glühendes Eisen, formten, von ihrer Schwere gezogen, Äxte, Schwerter, Schilde. Wir waren die besten Schmiede, mussten nichts mehr lernen, aber kein Pfeil wurde spitz, kein Messer scharf. Wir spitzten und streckten, bogen und falteten, und wir sahen, dass wir die Hämmer und Zangen nicht austauschen durften. Sie trafen genauer mit jedem Schlag, sie waren es, die lernten, und jede neue Axt blieb in ihnen. Die Schmiede merkte sich, was wir schufen. Dann brauchten wir sie nicht mehr, wir räumten sie aus, verkauften die Ambosse, die Hämmer. Sie war leer, und wir legten ein Stück Eisen hinein, Schrott. Am nächsten Tag war es ein Schwert, wie wir es besser nie hätten schmieden können. Wann immer wir ein Stück Eisen hineinlegten, in der leeren Schmiede wurde es zu dem, was sie gelernt hatte, was wir dort geschaffen hatten. Wir betraten sie nicht mehr, sie zerfiel, wir rissen die Ruine ab. Es half nichts. Wir konnten sie nicht zerstören, nicht verstecken, nicht vergessen. Wir nahmen Eisenstücke, und wir spielten auf ihnen, spielten Lieder, spielten bis der Klang der Schmiede zerfiel.

Die Flamme

Plötzlich war sie da. Glitt über die Scheite. Schabte am Holz. Trennte Fasern. Sie lernte. Löste einen Knoten. Suchte. Schälte die Jahre vom Holz. Sie knackte, wenn sie etwas fand. Sie wuchs, teilte den Stamm. Sie blies ihre Sporen aus.

Die Eisscholle

Eine Bewegung löst sich aus der See, treibt im Wind, in der Strömung. Sie atmet den Frost, wächst. Sie nimmt die Salze auf, verteilt sie in ihren Adern, legt sie ab. Sie berührt die Bewegungen, sie knirscht, sie knackt, sie fragt, hört den Antworten zu. Das erste Licht. Sie schmilzt, bricht, löst sich in die See.

IV

Zwischen den Sekunden steht die Uhr. Die Zahnräder, die sich jetzt drehen, sind nicht rund, stehen nicht nah genug, sind ohne Zähne. Sie drehen rückwärts, sind ohne Mitte. Sie sind nicht da und greifen dennoch: Ein Ruck, eine Sekunde.

Die Sterne

Die Sterne werden nicht größer im Fernrohr, bleiben Punkte. Sie leuchten nicht selbst, sind Öffnungen in der Nacht. Durch sie strahlt das gewaltige Leuchten hinter dem Himmel. Das so empfindlich ist, dass es im Nachtwind zerstiebt.

Der Turm

Unten eine Treppe aus Stein, stellt Stufe auf Stufe. Dann eine Stiege aus Stahl, schraubt sich nach oben. Am Ende eine Leiter aus Holz als Hebel. Der Rauch aber steigt höher, löst sich im Himmel.

Der Ungrund

In der Schwärze der Weite schwärmen die Kräfte. Ihre Bahnen umschlingen ihre Wege. Ihr Gewicht zerrt an den Banden, ihre Kreise zerschneiden den Schwung. Sie wechseln die Haken des Himmels, sie stützen die Risse des Lichts.

Das Pendel

Der lange Draht beginnt ganz oben im Rund der Kuppel. Fast bis zum Boden reicht er hinunter, straff gezogen von der schweren Eisenkugel. Die kleine Spitze zeichnet einen Strich in den Sand, etwas versetzt bei jedem Wechsel. Aber die Kugel schwingt immer in die selbe Richtung, es ist die Erde, die sich unter ihr dreht. Und mit ihr rotiert die Kuppel und das Wasser im Glas, rotiert das Licht der Kerze und das Brausen der Brandung. Das Pendel dreht sich nicht. So wenig wie die Stille vor einer Antwort und die Stunde der Rückkehr.

Die Quelle

Wir folgten flussaufwärts, gingen ins Gebirge, suchten nach der Quelle. Immer dünner wurde der Fluss, immer steiler das Tal. Regen, Nebel fing sich in den Ästen. Es tropfte von den Blättern und Blüten, quoll aus dem Moos, aus dem Gras, rann von den Stämmen, von unseren Händen. Wir fanden keine Quelle. Wir mauerten einen Brunnen, irgendwo, und nannten ihn Quelle. Sie wird heute gut besucht, niemand sucht sie mehr.

V

Die Berührung

Die See ist still. Du berührst sie. Sie zeichnet Kreise. Deine Berührung versinkt. Du bewegst dich nicht. Die Kreise dehnen sich aus, streichen über die Meere, gleiten unter das Eis, in die Mündungen der Flüsse, umhüllen die Berge der Tiefe. Sie treffen auf Wale, auf den Rauch der Schlote, auf Beben, weichen aus, drehen sich, gleiten wieder zurück. Sie füllen die See. Sie bleiben.

Durch die Augen

gleiten zitternde Schatten, in die Ohren strömen vibrierende Bäche. Die Hände indes brechen die Pfade zu Straßen. Die Pupillen erstarren. Die Häfen des Denkens versanden. Steine auf den Gräbern der Flechten.

Tauche in die See und werde zu einer Insel. Kaum vom Wasser umhüllt, stranden die ersten Zellen an deiner Küste. Minuten später heften sich die ersten Sporen an. Nach Stunden lebt auf deiner Haut ein Riff aus Schalen, aus Füßen, aus Ranken. Seine Ohren klopfen an dir an, doch du hörst ihr Summen nicht.

Das Wasser

Eine Stimme am Wasserfall. Ich drehe mich um. Niemand. Sie verschwindet, ich höre Stücke einer anderen Stimme. Dann die nächste. Das Wasser spricht. Ich verstehe die Worte nicht. Aber ich verstehe das Wasser.

Der Wald

Ich gehe einen Schritt in den Wald. Sehe einen Vogel und er fliegt weg. Noch einen Schritt. Etwas flieht hinter die Stämme. Ich berühre ein Blatt, es fällt ab. Um mich ist Stille. Ich pflücke eine Beere. Sie ist süß. Sie ist eine Hand, die mich auf Abstand hält.

VI

Die Polarstation

Wir verlassen die Polarstation. Wir lassen zurück: die Gewehre, die Teller, die Zeitungen, den Kaffee. Nichts wird die Dinge stören, kein Besucher, keine Verwitterung. Vielleicht wird in hundert Jahren jemand kommen. Wird eine Dose schütteln, eine Flasche öffnen. Wird im Zelt schlafen, draußen, im Schnee.

Die Raumstation

Wir kehren zurück, koppeln unsere Fähre an die verlassene Raumstation. Wir richten sie zur Sonne aus, füllen eine Atmosphäre auf, korrigieren den Kurs. Eine Hand hält sich an einer Strebe, ein Fuß stößt sich an einem Fenster ab. Dann warten wir. Warten auf unsere Schritte, auf den Abschied vor dem Aufsetzen der Helme. Erst dann schalten wir das Triebwerk ein.

Die Wasserstelle

Tropfen um Tropfen, wir standen an, es dauerte Stunden, bis eine Flasche gefüllt war. Wir öffneten eine Quelle. Das Wasser strömt. Wir füllen Kanister, füllen Tankwagen. Wir warten wie früher.

Der Bus

Ich nehme ein Stück Eisen und schmiede es zu einer Scheibe. Ich poliere sie und schreibe ein großes H darauf. Ich schraube sie an eine lange Stange. Gleich neben dem Weg stecke ich sie in den Sand, tief und fest, dass sie nicht schwankt. Dann schreibe ich einen Fahrplan und klemme ihn an die Stange. Ich lese ihn. Ich warte auf den Bus.
Er kommt.

Das Kabel

Strommasten stehen am Weg. Ich balanciere auf dem Schatten des Kabels. Er schwankt im Wind. Ich breite die Arme aus. Eine Schwalbe sitzt auf dem Draht. Sie fliegt vor mir auf. Unter mir krümmt sich der Schatten.

Der Schalter

Der Schalter hat zwei Stellungen. Liegt er rechts, leuchtet das Licht, liegt er links, ist es aus. Ich drehe ihn langsam, an, aus, an, aus. Ich finde den Punkt zwischen links und rechts. Der Schalter knistert. Das Licht flackert.

Die U-Bahn

Die blaue Linie fährt ein, bremst, hält. Du steigst ein, der Zug beschleunigt. Die Anzeige wechselt, der Zug bremst, hält, du öffnest die Tür. Du steigst nicht aus. Die Tür schließt, der Zug beschleunigt, bremst, hält, du öffnest die Tür. An der Endstation steigst du aus und gehst hinauf. Du stehst auf einem Platz. Du blickst in die Straßen. Hier warst du noch nie. Du kehrst um, fährst die blaue Linie wieder zurück bis zum ersten Bahnhof, steigst aus, fährst nach oben. Du gehst zu Fuß zur Endstation, über der blauen Linie, vorbei an den Treppen zu den Stationen, eine Stunde, noch eine Stunde, Schritt für Schritt.

Das Schachspiel

Lange zogen wir Läufer, rückten wir Bauern zum Wunsch, einer von uns gewann, und doch haben wir beide verloren, habe beide immer verloren, bis einmal, ganz zufällig, ein Turm nicht auf einem Feld stand, sondern auf die Grenze geriet zwischen zwei Feldern, genau auf die Grenze, und er halb schwarz und halb weiß stand, und wir so weiterspielten, und zum ersten Mal haben wir beide nicht verloren.

Ich strecke einen gekrümmten Draht, aber die Bögen bleiben. Ich biege sie gerade, jeden einzeln, und es enstehen nur neue Bögen. Ich drücke sie weg, aber der Draht dreht sich und krümmt sich wieder so wie zu Beginn.

Die Sanduhr

Wieder drehen wir die Uhr, und wieder fällt ein anderes Sandkorn als erstes, ist ein anderes das nächste, und so verschieden sind sie gewachsen und gebrochen, dass sie kein Sand sind, nur winzige Scherben, und sie gleiten und fallen, bis das letzte Korn nach unten fällt und landet und rutscht und sich nicht mehr bewegt, und wieder drehen wir die Uhr.

Das Stilleben

Im Korb liegen Früchte. Oliven. Trauben. Daneben, auf einem Tuch, eine halbe Zitrone. Falten im Tuch. Ein Glas mit Wasser. Im Wasser spiegelt sich Licht: ein Fenster. Ganz klein: der Korb mit den Früchten. Die Zitrone ist ganz, das Tuch glatt, das Glas randvoll. Darin spiegelt sich wieder das Fenster. Und, ebenso winzig, der leere Korb. Das Tuch fehlt. Von der Zitrone übrig: eine Schale. Im Glas: Wein.

VII

Der Sturm

Er kommt vom Meer, drückt die Gischt über den Strand bis zur Düne, schabt dort den Sand ab und rieselt ihn zwischen die Kiefern, biegt sie zum Dorf hin, rollt eine Flasche hinter die Hecke, wirft das Rad um, pfeift auf der Dachrinne, reißt eine Tür auf, auch der Rauch zeigt seinen Weg, und die Möwe, die den Flügel neigt und zur See hin gleitet, aber er, der Sturm, ist zu langsam für meine Augen, zu still für meine Ohren.

Ein Blitz blieb im Boden stecken. Er klingt noch, alles an ihm klingt, jeder Strang, jedes Licht. Er ist aus Klang, wie jeder Blitz, ganz aus Tönen, so stark, dass sie brennen. Wir dürfen nicht näher. Er zerspringt, und was über uns hinweg rollt, sind nur die Echos seines Bruchs.

Die Buche

Sie stemmt einen Arm in die Seite des Bergs, krümmt ihn zwischen Licht und Frost zu einem Bogen aus reinem Kontrast. Mit einem Schwung, langsamer als der Puls eines Gletschers, wirft sie sich nach oben, wo sie weiter wächst im größeren Licht.

Der Mittag

Das Licht wurde still. Gewölk schob sich zwischen Himmel und Berg. Der glühende Horizont streckte unsere Schatten. Um den Wald spannte sich der erste Donner. Unserer Ahnung der ersten Tropfen auf der Haut folgte der Sturz des Regens. Blitzgeflechte brachen den Himmel in Scherben, die gefrorenen Splitter mengten sich unter den Regen. Der rettende Donnerschirm schloss die Spalten des Gewölbes wieder. Vor uns fiel eine Scherbe des Himmels, doch bevor wir sie erkennen konnten, stieß sie die nächste Scherbe zur Seite. Flicken aus Grün, von den Bäumen gerissen, klebten an uns. Ein Panzer aus Eis umhüllte den Berg, der abgefallene Glanz des Himmels. Die Momente verbanden sich immer schneller und verschmolzen schließlich. – – – Vor uns wurde es hell. Der Regen ließ uns zurück. Seine Nachhut tropfte vom Wald. Das Eis schmolz und wurde zu Flüssen, die sich selbst heraus rissen. Balsam aus Nebel verband den Berg. Er verrauchte schnell, schneller als wir aufgestanden waren. Die Bäche verbrodelten ins Tal, ließen im Laub Zeichen zurück, die denen der Blitze glichen. Die Sonne kühlte unseren Weg.

VIII

Nimm einen Sonnenschirm. Stecke ihn in den Sand. Gehe aus dem Schatten. Er zeigt dir, ob die Sonne scheint. Oder der Mond. Wo sie sind. Wie hoch sie stehen. Du ziehst Striche in den Sand. Das sind die Stunden und Tage. Du wartest auf die mondlosen Nächte. Jeder Stern hat einen Schatten. Es sind zu viele. Du kannst sie nicht trennen.

Die Kerze

Zünde eine Kerze an. Gehe hin und her. Sieh genau hin. Umkreise sie. Du siehst keine Leere, keinen Spalt im Licht. Stelle eine zweite Kerze auf. Betrachte beide. Gehe nah heran und ganz weit weg. Laufe längs und quer. Das Licht berührt, durchdringt sich, so, wie das Licht der Sterne und unsere Worte.

Und wieder berühren sich, vom Wind gedreht, zufällig, zwei Scheiben des Monds. Ich sehe es und spüre, wie die Nacht vibriert, so als hätten die Monde auch sie berührt.

Auch heute Nacht rufen die Vögel wieder, einer ruft, der nächste antwortet, und so geben sie ihren Ruf weiter durch die Nacht, reichen ihn vom Abend zum nächsten Morgen oder vielleicht in die andere Richtung, vom nächsten Morgen zurück zum Abend, und vielleicht werden sie diesen Ruf in tausend Jahren zum ersten Mal gehört haben.

Wie dieser Baum dort wurzeln kann, dort auf dem Stein, der bedeckt ist mit braunrotem Laub, den Blättern der letzten Jahre, dem eigenen Laub des Baums.

Der Felsen hängt nach allen Seiten, steht auf einem Punkt,
der ihn nicht halten kann. Er wankt, wird sofort fallen.
Doch er kippt zurück, neigt sich zur andren Seite, kreist
um den Punkt. Du siehst: die Haut des Felsens schimmert.

IX

Schilf

Du stehst und starrst in das Schilf. Das Rohr steht dicht, du siehst die äußeren Blätter und die im Wind schwankenden Kolben. Du wartest auf den Herbst. Das Schilf stirbt, wird braun. Bricht. Schwimmt im Wasser. Der Blick in die Mitte ist frei.

Nebel liegt auf der See. Du ruderst. Du weißt nicht, ob deine Ruder in die See oder in den Nebel tauchen. Vor dir liegen Norden und Süden, hinter dir Osten und Westen. Mit jedem Schlag verlierst du deinen Weg. Mit jedem Schlag kommst du ihm näher.

Ein Wegweiser am Wegewinkel. Er zeigt: »Auf einem Stein stehen und die Sterne zählen.« Er zeigt: »Rascheln im Laub des letzten Jahrs.« Und: »Glückliche Heimkehr.« Und: »Dem Wind den Weg zeigen.« Und auch: »Ein Berg, ein See, ein Tal, ein Fluss.«

Die Nacht ist still. Das Wasser des Sees spiegelt den Mond. Kein Wind. Ich rufe, so laut und so weit ich kann. Der See bleibt glatt.

Der Himmel ist grau und glatt. Die See wabert träge. Kein Schiff, kein Rauch, kein Turm, kein Wind. Ein Punkt. Ein Vogel. Kommt näher. Eine Möwe. Fliegt vorbei.

Ich schaufle einen Punkt in den nassen Sand. Eine Welle rauscht über den Saum, noch eine, eine dritte, schon ist der Punkt wieder gefüllt, der Sand wieder glatt. In der Nacht dreht der Wind, das Meer schäumt bis an den Wald. Am Morgen liegt Seegras auf dem Sand, gerollt zu einem Strich. Eine Möwe folgt ihm, zieht hier und da am Gras.

Diese Linien der See, gezeichnet aus Seegras am Strand, eine hinter der anderen, und immer ist noch Platz für eine weitere Linie, davor, dahinter, dazwischen, und dann die Dünen, diese Linien aus Sand, und wieder dahinter liegt der Weg, der Weg zu unserem Haus.

Die Steine

Zwischen den Steinen tost die Brandung. Zerstiebt. Holt wieder aus. Die Steine bewegen sich nicht. Stehen auf dem Sand. Still. Wir sitzen auf den Steinen. Die See, der Sand, das Gras, der Kontinent: sie gleiten unter uns hinweg.

Über der See schwingt ein kleiner Stein. Schwingt an einem kaum sichtbaren Faden, der zur Mitte eines Netzes führt, zur Spinne. Das Netz trägt den Stein, hält ihn über dem Wasser, und der Stein strafft das Netz, gibt ihm Halt, spannt es über den Wellen. Und auch zu den Felsen am Strand, diesen Findlingen, führt ein Faden, auch sie straffen das Netz, und vielleicht werden auch sie von dem Netz getragen.

Mitten in die See, ohne Ort, irgendwo, legen wir einen Stab, und sofort schaben ihn Wellen und Wind, bohren Salz und Licht. Wir drehen ab. Jahre später fahren wir wieder aufs Meer, irgendwohin, ohne Ziel, begegnen dem Stab, eingewoben in Eis, in Stürmen, beladen mit Muscheln, mit Nacht, zeigend zu einem Pol irgendwo im Schaum.

X

Fresko

In diesem Bild sind alle da, Mann und Frau und Engel,
und es scheint dir vielleicht, dass die Gesichter fehlen,
weil du an ihrer Stelle nur die nackte Wand siehst, doch
zwischen den Zeilen der Ziegel hörst du sie atmen.

Wenn du, allein in der alten Kapelle, etwas sagst, dann hörst du ein Echo, doch erst nach einer Pause, einer zur langen Pause, als dass es noch deine Worte sind, vielmehr scheint es, als käme die Antwort von weither, von der anderen Seite der Steine.

Die Augen spiegeln das Licht auf den Wellen, und die Wellen spiegeln das Licht auf den Augen, und für einen Wellenschlag, für einen Augenblick, ist das Licht zwischen dir und der See gefangen, hast du die große Zeit, einmal hineinzublicken ins Licht.

Wenn eine Möwe im Wasser landet, da ist dieser kurze Moment, in dem die Luft schon nicht mehr trägt, aber das Wasser noch keinen Halt gibt, und trotzdem steht die Möwe an diesem Punkt, hält sich an etwas, das weder See noch Wind ist.

Es überrascht dich, dass Wasser den Boden dieser Kirche bedeckt, und mehr noch wunderst du dich, dass Fische darin schwimmen. Du, der du selbst aus Wasser bist, kannst es nicht atmen. Die Fische aber, sie leben darin. Sie finden den Weg aus einem Fluss über das Meer und wieder in den selben Fluss zurück. Aber du, du verirrst dich in der Tiefe, bist nur zufällig hier, wirst gleich wieder gehen.

Da klingen sie, im Läuten der Glocken, in ihren Echos, die anderen Glocken, nicht gegossen, von niemandem bewegt, klingen einen Schlag nur oder zwei, auftauchend in den Tönen und wieder versinkend, so wie wenn im Regen ein Regen mehr klingt als der, der fällt, und so hörst du auch diesen Tag im Tag, der vielleicht gerade diesen Streifen aus Licht in deinem Zimmer zeichnet.

Inhalt

I

Der Leuchtturm · 9
Der Schuppen · 10
Der Schnee · 11
Du rollst mit dem Fahrrad · 12
Der Billardtisch · 13
Der Tag · 14
Die Nacht · 15

II

Zuerst legte ich die Steine · 19
Nimm eine Schaufel · 20
Die Leiter · 21
Endlich, nach langen Wochen · 22

III

Die Schwalben schreiben · 25
Die Schmiede · 26
Die Flamme · 27
Die Eisscholle · 28

IV

Zwischen den Sekunden · 31
Die Sterne · 32
Der Turm · 33
Der Ungrund · 34
Das Pendel · 35
Die Quelle · 36

V

Die Berührung · 39
Durch die Augen · 40
Tauche in die See · 41
Das Wasser · 42
Der Wald · 43

VI

Die Polarstation · 47
Die Raumstation · 48
Die Wasserstelle · 49
Der Bus · 50
Das Kabel · 51
Der Schalter · 52
Die U-Bahn · 53
Das Schachspiel · 54
Ich strecke einen gekrümmten Draht · 55
Die Sanduhr · 56
Das Stilleben · 57

VII

Der Sturm · 61
Ein Blitz blieb im Boden stecken · 62
Die Buche · 63
Der Mittag · 64

VIII

Nimm einen Sonnenschirm · 67
Die Kerze · 68
Und wieder berühren sich · 69
Auch heute Nacht · 70
Wie dieser Baum · 71
Der Felsen hängt · 72

IX

Schilf · 75
Nebel liegt auf der See · 76
Ein Wegweiser am Wegewinkel · 77
Die Nacht ist still · 78
Der Himmel ist grau und glatt · 79
Ich schaufle einen Punkt · 80
Diese Linien der See · 81
Die Steine · 82
Über der See · 83
Mitten in die See · 84

X

Fresko · 87
Wenn du · 88
Die Augen spiegeln das Licht · 89
Wenn eine Möwe · 90
Es überrascht dich · 91
Da klingen sie · 92

Lyrikedition 2000, kleine Auswahl

Markus Hallinger
Das Eigene
ISBN 978-3-86906-470-3, 88 S., Paperback, € 9.50

Georg Heym
Ich bin von dem grauen Elend ganz zerfressen
Anthologie, herausgegeben von Florian Voß
ISBN 978-3-86906-373-7, 88 S., Paperback, € 11.50

Marius Hulpe
Einmal werden wir
ISBN 978-3-86906-508-3, 112 S., Paperback, € 12.50

Hartwig Mauritz
rumor der frösche auf den dünnen flächen der physik
ISBN 978-3-86906-486-4, 64 S., Paperback, € 8.50

Boris Preckwitz
Kampfansage
ISBN 978-3-86906-588-5, 72 S., Klappenbroschur, € 12.50

Lothar Quinkenstein
gegenort
ISBN 978-3-86906-549-6, 72 S., Klappenbroschur, € 12.50

Frank Schmitter
die markisen rollen den nachmittag aus
ISBN 978-3-86906-465-9, 76 S., Paperback, € 9.50

Ludwig Steinherr
Nachtgeschichte für die Teetasse
ISBN 978-3-86906-695-0, 124 S., Hardcover, € 19.90

Carsten Zimmermann
das transparente
ISBN 978-3-86906-618-9, 108 S., Klappenbroschur, € 14.50